Portraits de Femmes Africaines Remarquables

Inspirations d'un Continent

Lily Rose Dubois

Introduction

L'Afrique, ce vaste et diversifié continent, est le berceau de civilisations anciennes, de cultures riches et d'une mosaïque de peuples aux histoires uniques. Au fil des siècles, les femmes africaines ont joué un rôle essentiel dans la construction de cette histoire, apportant leur dévouement, leur courage et leur ingéniosité pour façonner les sociétés et les nations qui forment aujourd'hui l'Afrique.

Ce livre, "Portraits de Femmes Africaines Remarquables : Inspirations d'un Continent", célèbre le pouvoir et la persévérance de ces femmes extraordinaires qui ont laissé une empreinte indélébile sur l'histoire de l'Afrique. Leurs récits sont un témoignage de détermination, de résilience et de la capacité de l'esprit humain à surmonter les obstacles les plus redoutables.

Chacun des portraits présentés dans ces pages est une fenêtre ouverte sur un monde de réalisations exceptionnelles, d'innovation, de leadership et d'impact. Ces femmes ne se sont pas contentées de briser les plafonds de verre, elles ont démontré que la passion et la détermination peuvent briser les chaînes de l'injustice et de l'inégalité, tout en ouvrant des voies pour les générations futures.

À travers ces récits inspirants, nous découvrons des femmes engagées dans une multitude de domaines, de la politique à l'éducation, de la science à la culture, de la lutte pour les droits des femmes à la préservation de la nature. Chacune d'entre elles représente une facette unique de l'héritage africain, et leur impact transcende les frontières nationales.

Ce livre est un hommage à ces femmes africaines exceptionnelles, mais c'est aussi un appel à l'inspiration. Nous espérons que ces histoires vous encourageront, vous, nos lecteurs, à voir au-delà des défis, à croire en votre potentiel et à œuvrer pour un avenir où chaque individu, quel que soit son sexe, sait que ses actions peuvent façonner le destin d'un continent.

Alors que nous parcourons ces portraits, nous invitons chacun à célébrer l'héritage des femmes africaines et à reconnaître le rôle vital qu'elles jouent dans la poursuite de la justice, de l'égalité et du progrès. Nous sommes honorés de partager ces récits avec vous et de vous emmener dans un voyage à travers l'extraordinaire mosaïque des femmes africaines remarquables.

Wangari Maathai : La Gardienne des Arbres et des Droits des Femmes

Wangari Maathai, née en 1940 à Ihithe, au Kenya, est une figure emblématique de la conservation de l'environnement et des droits des femmes en Afrique. Son parcours de vie est marqué par sa lutte acharnée pour la préservation de la nature et l'autonomisation des femmes kényanes.

Dès son plus jeune âge, Wangari Maathai a montré un intérêt profond pour la nature et l'éducation. Elle a obtenu une bourse pour étudier aux États-Unis, où elle a obtenu un diplôme en biologie. Après ses études à l'étranger, elle est retournée au Kenya avec une vision : planter des arbres pour lutter contre la déforestation et la désertification qui menaçaient son pays.

En 1977, elle a fondé le Mouvement de la Ceinture Verte, une initiative visant à mobiliser les communautés locales pour planter des arbres et restaurer les terres dégradées. Cette initiative a eu un impact profond sur la préservation de l'environnement au Kenya et dans d'autres parties de l'Afrique, tout en offrant aux femmes rurales des opportunités économiques.

Wangari Maathai n'a pas seulement été une défenseure de l'environnement, mais aussi une championne des droits des femmes. Elle a reconnu que l'autonomisation des femmes était essentielle pour résoudre les problèmes environnementaux et sociaux. Elle a lutté contre les injustices, la corruption et la répression politique, et elle a été emprisonnée à plusieurs reprises en raison de son activisme.

En 2004, Wangari Maathai a été récompensée du prix Nobel de la paix pour sa contribution exceptionnelle à la préservation de l'environnement et à la promotion des droits des femmes. Son héritage perdure à travers le travail du Mouvement de la Ceinture Verte et continue d'inspirer des personnes du monde entier à agir pour un environnement plus sain et plus équitable. Wangari Maathai est une source d'inspiration inestimable, démontrant que la protection de la nature et l'autonomisation des femmes vont de pair pour construire un monde meilleur.

Funmilayo Ransome-Kuti : L'Égérie des Droits des Femmes et de l'Indépendance au Nigeria

Funmilayo Ransome-Kuti, née en 1900 à Abeokuta, au Nigeria, est une figure emblématique de la lutte pour les droits des femmes et de la quête d'indépendance du Nigeria. Son parcours de vie est marqué par sa détermination à briser les chaînes de l'oppression et à ouvrir la voie à un avenir plus égalitaire.

Funmilayo Ransome-Kuti a grandi dans une famille engagée dans la lutte contre la colonisation britannique au Nigeria. Ce contexte familial a façonné son engagement politique dès son plus jeune âge. Elle a étudié à l'étranger, notamment au Royaume-Uni, où elle a été témoin du mouvement féministe et des luttes pour les droits civils, ce qui a renforcé sa conviction en faveur de l'égalité.

De retour au Nigeria, Funmilayo Ransome-Kuti s'est impliquée dans la lutte pour les droits des femmes, l'éducation des filles et l'amélioration des conditions de vie des femmes rurales. Elle a fondé l'Union des Femmes du Nigeria, une organisation qui a rassemblé des milliers de femmes pour lutter contre la discrimination et l'oppression.

Son engagement politique ne s'est pas limité aux droits des femmes. Funmilayo Ransome-Kuti a également été une fervente militante pour l'indépendance du Nigeria vis-à-vis de la colonisation britannique. Elle a joué un rôle clé dans les mouvements nationalistes et a plaidé pour la justice sociale et la démocratie.

Malheureusement, son activisme l'a mise en conflit avec les autorités coloniales et, en 1956, elle a été gravement blessée lors d'une attaque contre sa maison par les forces de sécurité. Elle est décédée des suites de ses blessures en 1978. Son héritage perdure à travers les luttes continues pour les droits des femmes et l'indépendance au Nigeria. Funmilayo Ransome-Kuti reste une icône de la lutte pour l'égalité, la justice et la liberté.

Ellen Johnson Sirleaf : L'Icône de la Paix, de la Démocratie et des Droits des Femmes au Liberia

Ellen Johnson Sirleaf, née en 1938 à Monrovia, au Liberia, est une personnalité majeure dans l'histoire du Liberia et du continent africain. Son parcours exceptionnel est marqué par son leadership politique, sa détermination à promouvoir la démocratie et les droits des femmes, et sa contribution significative à la paix et à la stabilité.

Ellen Johnson Sirleaf a étudié aux États-Unis et au Royaume-Uni, acquérant une formation en économie et en administration publique. Elle a occupé divers postes au sein du gouvernement libérien avant de devenir ministre des Finances en 1979, devenant ainsi la première femme africaine à occuper ce poste. Cependant, son engagement en faveur de la démocratie l'a conduit à s'opposer au régime autoritaire de Samuel Doe, ce qui l'a amenée à être emprisonnée et à s'exiler temporairement.

Après des années d'exil, Ellen Johnson Sirleaf est retournée au Liberia en 1997 pour participer aux élections présidentielles. En 2005, elle est devenue la première femme élue présidente en Afrique. Son mandat présidentiel a été marqué par des réformes économiques, des efforts pour la réconciliation nationale et son engagement en faveur des droits des femmes.

Elle a été récompensée du prix Nobel de la paix en 2011 pour sa contribution à la paix et à la stabilité au Liberia après des années de guerre civile. Elle a également ouvert la voie à d'autres femmes leaders en Afrique et a montré que les femmes sont tout aussi capables de diriger que les hommes.

Ellen Johnson Sirleaf est un modèle de leadership politique, de détermination et d'engagement en faveur de la paix, de la démocratie et des droits des femmes en Afrique et dans le monde entier. Son héritage perdure en inspirant les générations futures à lutter pour un avenir meilleur.

Aïcha Ech Chenna : La Voix des Femmes Marocaines et Défenseure de la Dignité

Aïcha Ech Chenna, née en 1941 à Casablanca, au Maroc, est une figure incontournable de la lutte pour les droits des femmes et la préservation de la dignité des mères célibataires au Maroc. Son parcours de vie est marqué par son engagement indéfectible en faveur des femmes marginalisées et sa détermination à briser les stigmates sociaux.

Dès les années 1980, Aïcha Ech Chenna a pris conscience des défis auxquels sont confrontées les mères célibataires au Maroc. Elle a fondé l'Association Solidarité Féminine pour offrir un soutien vital à ces femmes souvent exclues de la société. Son travail a permis de briser les tabous et de donner aux femmes célibataires et à leurs enfants la possibilité de mener une vie digne.

En plus de son engagement en faveur des mères célibataires, Aïcha Ech Chenna a milité pour la réforme des lois familiales au Maroc afin de garantir des droits égaux pour les femmes dans le domaine du mariage, du divorce et de l'héritage. Son plaidoyer a contribué à des changements législatifs importants en faveur de l'égalité des sexes.

Son héritage perdure grâce à son travail infatigable pour la dignité des femmes marocaines et pour la promotion des droits des femmes en général. Aïcha Ech Chenna incarne la résilience et la détermination, montrant que l'engagement en faveur de la dignité et de l'égalité peut transformer des vies et des sociétés tout entières.

Lupita Nyong'o : L'Éclat d'Hollywood, la Voix de l'Inclusion

Lupita Nyong'o, née en 1983 à Mexico City, au Mexique, de parents kényans, est une actrice et militante renommée. Son parcours de vie est marqué par sa montée fulgurante dans l'industrie du cinéma hollywoodien, sa contribution à la diversité et à l'inclusion dans l'industrie du divertissement, ainsi que son engagement en faveur des droits et de la dignité des femmes.

Lupita Nyong'o a étudié le théâtre à l'université de Yale, aux États-Unis, et a rapidement attiré l'attention avec son talent exceptionnel. Elle a remporté l'Oscar de la meilleure actrice dans un second rôle pour son rôle dans le film "12 Years a Slave" en 2014, devenant ainsi la deuxième actrice kényane à remporter un Oscar.

Au-delà de son succès dans l'industrie cinématographique, Lupita Nyong'o a utilisé sa voix pour promouvoir l'inclusion et la diversité à Hollywood. Elle a pris la parole contre le racisme et l'injustice, inspirant d'autres acteurs et actrices à faire de même et à plaider pour un changement positif dans l'industrie.

Lupita Nyong'o a également été une défenseure des droits des femmes, se battant pour l'égalité des sexes et la fin de la discrimination. Son influence transcende les écrans, faisant d'elle une source d'inspiration pour les femmes et les jeunes filles du monde entier qui aspirent à briller dans n'importe quel domaine. Elle est une voix puissante pour l'inclusion, la diversité et l'égalité dans l'industrie du divertissement et au-delà.

Chimamanda Ngozi Adichie : La Plume Éminente de l'Afrique, Défenseure de l'Égalité et du Féminisme

Chimamanda Ngozi Adichie, née en 1977 à Enugu, au Nigeria, est une écrivaine renommée et une ardente militante féministe. Son parcours de vie est marqué par ses écrits acclamés, qui explorent des thèmes tels que l'identité, le féminisme et la diversité culturelle, ainsi que son engagement indéfectible en faveur de l'égalité des sexes.

Chimamanda Ngozi Adichie a étudié la communication et la science politique aux États-Unis, où elle a également obtenu une maîtrise en écriture créative. Ses romans, dont "L'Hibiscus pourpre" et "Americanah", ont reçu une reconnaissance mondiale et ont été traduits dans de nombreuses langues. Elle a remporté de nombreux prix littéraires prestigieux, dont le Prix Orange pour la fiction en 2007.

Au-delà de son succès en tant qu'écrivaine, Chimamanda Ngozi Adichie est devenue une voix influente dans le mouvement féministe. Son discours TED intitulé "We Should All Be Feminists" (Nous devrions tous être féministes) est devenu un manifeste mondial pour l'égalité des sexes. Elle plaide pour l'autonomisation des femmes, la déconstruction des stéréotypes de genre et l'importance de l'inclusion.

Chimamanda Ngozi Adichie a également co-fondé le Festival de littérature et d'arts Barem en 2018, un événement qui célèbre la littérature africaine contemporaine et encourage la créativité chez les jeunes écrivains.

Son héritage perdure grâce à son talent littéraire exceptionnel et à son engagement sans faille en faveur de l'égalité des sexes et de la diversité culturelle. Elle est une source d'inspiration pour les écrivains et les défenseurs de l'égalité des sexes du monde entier, démontrant que la littérature peut être un puissant moyen de provoquer le changement social.

Dorothy Masuka : La Voix Enchanteresse du Zimbabwe, Symbole de Résilience et de Liberté

Dorothy Masuka, née en 1935 à Bulawayo, au Zimbabwe, est une légendaire chanteuse et compositrice dont la musique a transcendé les frontières nationales pour devenir un symbole de résilience et de liberté en Afrique australe. Son parcours de vie est marqué par son talent musical exceptionnel et son engagement en faveur de la justice sociale.

Dorothy Masuka a commencé sa carrière musicale à un jeune âge et est rapidement devenue une icône de la musique afro-jazz. Sa voix enchanteresse et ses paroles poignantes ont touché le cœur de nombreuses personnes à travers l'Afrique et au-delà. Ses chansons abordaient des thèmes tels que l'amour, la liberté et la lutte contre l'oppression.

Pendant l'ère de l'apartheid en Afrique du Sud, les chansons de Dorothy Masuka ont été interdites par le régime, mais cela n'a pas entamé sa détermination. Elle a continué à utiliser sa musique comme un moyen de protestation contre l'injustice, ce qui a fait d'elle une figure emblématique de la lutte pour la liberté.

Au fil des décennies, Dorothy Masuka a continué à créer une musique inspirante et à encourager la diversité culturelle en Afrique australe. Elle a également œuvré pour l'éducation artistique des jeunes talents, partageant son expérience avec les générations futures.

Son héritage perdure grâce à sa musique intemporelle et à son rôle en tant que défenseure de la liberté et de la justice sociale. Dorothy Masuka reste une source d'inspiration pour les artistes et les activistes du monde entier, montrant que la musique peut être un puissant vecteur de changement social et de résistance contre l'oppression.

Leymah Gbowee : La Voix de la Paix et de l'Empowerment des Femmes au Liberia

Leymah Gbowee, née en 1972 au Liberia, est une militante pour la paix et les droits des femmes dont le parcours de vie est marqué par sa lutte déterminée pour mettre fin à la guerre civile au Liberia et son engagement en faveur de l'autonomisation des femmes.

Leymah Gbowee a grandi au milieu de la guerre civile au Liberia, une période sombre marquée par la violence et la souffrance. Inspirée par le désir de mettre fin à cette tragédie, elle a uni les femmes de différentes ethnies et religions pour former le Mouvement des Femmes pour la Paix au Liberia (WIPNET). Ces femmes courageuses ont organisé des manifestations pacifiques, plaidé pour la fin de la guerre et joué un rôle essentiel dans les négociations de paix.

Leur travail a conduit à la fin du conflit en 2003 et à l'élection de la première femme présidente en Afrique, Ellen Johnson Sirleaf. Leymah Gbowee a été récompensée du prix Nobel de la paix en 2011 en reconnaissance de son rôle en tant que leader du mouvement pacifiste.

Après la guerre, Leymah Gbowee a continué à travailler pour l'autonomisation des femmes et l'amélioration de leurs conditions de vie. Elle a fondé le Gbowee Peace Foundation Africa, une organisation qui se consacre à l'éducation des jeunes filles et à la promotion de la paix en Afrique.

Son héritage perdure grâce à son engagement indéfectible en faveur de la paix, de la réconciliation et de l'émancipation des femmes. Leymah Gbowee reste une source d'inspiration pour les femmes et les défenseurs de la paix dans le monde entier, montrant que la résistance pacifique peut changer le cours de l'histoire et apporter l'espoir dans les moments les plus sombres.

Magatte Wade : Entrepreneure Visionnaire et Championne du Commerce Équitable en Afrique

Magatte Wade, née au Sénégal, est une entrepreneure visionnaire dont le parcours de vie est marqué par son engagement en faveur de l'entrepreneuriat africain, du commerce équitable et du développement économique durable sur le continent.

Magatte Wade a grandi au Sénégal avant de partir pour les États-Unis pour poursuivre ses études universitaires. Elle a rapidement acquis une réputation en tant qu'entrepreneure dynamique, fondant plusieurs entreprises prospères dans des domaines variés, notamment la mode, les produits de consommation et la technologie.

L'une de ses entreprises les plus emblématiques est Adina World Beverages, une société de boissons bio et équitables inspirée par les traditions sénégalaises. Elle a mis l'accent sur l'importance de valoriser les ressources naturelles africaines tout en offrant des opportunités économiques aux communautés locales.

Magatte Wade est également une ardente défenseure du commerce équitable en Afrique. Elle a plaidé pour une meilleure intégration des entreprises africaines dans les chaînes de valeur mondiales et pour l'autonomisation des entrepreneurs africains.

Son héritage perdure grâce à son rôle en tant que modèle d'entrepreneuriat africain et de défenseure du commerce équitable. Magatte Wade inspire les jeunes entrepreneurs africains à poursuivre leurs rêves, à créer des entreprises prospères et à contribuer au développement économique durable du continent. Elle incarne la vision d'un avenir africain prospère et équitable grâce à l'innovation et à l'entrepreneuriat.

Magatte Wade : Entrepreneure Visionnaire et Championne du Commerce Équitable en Afrique

Magatte Wade, née au Sénégal, est une entrepreneure visionnaire dont le parcours de vie est marqué par son engagement en faveur de l'entrepreneuriat africain, du commerce équitable et du développement économique durable sur le continent.

Magatte Wade a grandi au Sénégal avant de partir pour les États-Unis pour poursuivre ses études universitaires. Elle a rapidement acquis une réputation en tant qu'entrepreneure dynamique, fondant plusieurs entreprises prospères dans des domaines variés, notamment la mode, les produits de consommation et la technologie.

L'une de ses entreprises les plus emblématiques est Adina World Beverages, une société de boissons bio et équitables inspirée par les traditions sénégalaises. Elle a mis l'accent sur l'importance de valoriser les ressources naturelles africaines tout en offrant des opportunités économiques aux communautés locales.

Magatte Wade est également une ardente défenseure du commerce équitable en Afrique. Elle a plaidé pour une meilleure intégration des entreprises africaines dans les chaînes de valeur mondiales et pour l'autonomisation des entrepreneurs africains.

Son héritage perdure grâce à son rôle en tant que modèle d'entrepreneuriat africain et de défenseure du commerce équitable. Magatte Wade inspire les jeunes entrepreneurs africains à poursuivre leurs rêves, à créer des entreprises prospères et à contribuer au développement économique durable du continent. Elle incarne la vision d'un avenir africain prospère et équitable grâce à l'innovation et à l'entrepreneuriat.

Amina J. Mohammed : Leader de la Diplomatie, Défenseure de l'Égalité et de l'Environnement

Amina J. Mohammed, née au Nigeria, est une diplomate éminente et une fervente militante pour l'égalité des sexes et la protection de l'environnement. Son parcours de vie est marqué par son leadership exceptionnel dans le domaine de la diplomatie internationale et son engagement indéfectible en faveur du développement durable.

Amina J. Mohammed a occupé plusieurs postes de haut niveau au sein du gouvernement nigérian et des Nations unies. Elle a été conseillère spéciale du Secrétaire général des Nations unies pour le développement durable, où elle a joué un rôle clé dans l'élaboration de l'Agenda 2030 pour le développement durable, un cadre mondial ambitieux pour lutter contre la pauvreté, les inégalités et le changement climatique.

Au-delà de son engagement pour le développement durable, Amina J. Mohammed a été une voix puissante en faveur de l'égalité des sexes. Elle a milité pour l'autonomisation des femmes et des filles et a plaidé pour une plus grande participation des femmes dans la prise de décision à tous les niveaux.

Elle a également été nommée Vice-Secrétaire générale des Nations unies en 2017, devenant ainsi la deuxième personne la plus haute de l'organisation mondiale. Dans ce rôle, elle a continué à plaider en faveur de la diplomatie, de la durabilité et de l'égalité des sexes à l'échelle mondiale.

Son héritage perdure grâce à son leadership diplomatique exceptionnel et à son engagement en faveur d'un monde plus équitable et plus durable. Amina J. Mohammed reste une source d'inspiration pour les diplomates, les défenseurs de l'environnement et les militants des droits des femmes du monde entier, montrant que la diplomatie peut être un puissant levier pour le changement positif.

Oumou Sangaré : La Reine de la Musique Malienne, Porte-voix de l'Émancipation des Femmes

Oumou Sangaré, née en 1968 à Bamako, au Mali, est une légendaire chanteuse et compositrice malienne dont le parcours de vie est marqué par son extraordinaire talent musical, son engagement en faveur de la dignité des femmes et sa contribution à la préservation de la culture malienne.

Dès son plus jeune âge, Oumou Sangaré a montré un don exceptionnel pour la musique, et elle est devenue une chanteuse acclamée internationalement. Sa musique mêle les traditions maliennes au son contemporain, abordant des thèmes tels que l'amour, les droits des femmes et les enjeux sociaux.

L'une des caractéristiques les plus marquantes de la musique d'Oumou Sangaré est son engagement en faveur des droits des femmes. À travers ses paroles puissantes, elle a plaidé pour l'autonomisation des femmes, l'élimination des pratiques traditionnelles préjudiciables et l'égalité des sexes. Elle a utilisé sa renommée pour sensibiliser aux défis auxquels sont confrontées les femmes maliennes et africaines en général.

En plus de sa carrière musicale, Oumou Sangaré est une entrepreneure prospère. Elle a ouvert un hôtel et un complexe de divertissement à Bamako, créant ainsi des emplois et contribuant au développement économique de sa région natale.

Son héritage perdure grâce à sa musique intemporelle et à son rôle en tant que défenseure de l'émancipation des femmes. Oumou Sangaré est une source d'inspiration pour les artistes, les féministes et les amoureux de la culture malienne, démontrant que la musique peut être un moyen puissant de promouvoir le changement social et l'égalité.

Winnie Madikizela-Mandela : L'Égérie de la Lutte Anti-Apartheid et de la Résilience

Winnie Madikizela-Mandela, née en 1936 en Afrique du Sud, est une figure emblématique de la lutte anti-apartheid et une défenseure acharnée de la justice sociale. Son parcours de vie est marqué par son dévouement à la lutte pour la liberté et sa résilience face à l'oppression.

Dès son jeune âge, Winnie Madikizela-Mandela s'est engagée dans la lutte contre le système de l'apartheid en Afrique du Sud. Elle est devenue une militante active au sein du Congrès national africain (ANC) et a été emprisonnée à plusieurs reprises en raison de son activisme.

Winnie Madikizela-Mandela est surtout connue pour sa lutte acharnée pendant que son mari, Nelson Mandela, était emprisonné pendant 27 ans. Elle a été un symbole de résistance contre l'apartheid, inspirant des générations entières à continuer la lutte pour la liberté.

Cependant, elle a également été critiquée pour son rôle dans certaines activités violentes associées à la lutte anti-apartheid. Malgré cela, son engagement en faveur de la justice sociale et de l'égalité des droits est incontestable.

Après la fin de l'apartheid, Winnie Madikizela-Mandela est restée active dans la politique sud-africaine et a continué à plaider pour les droits des femmes et des communautés défavorisées.

Son héritage perdure grâce à son rôle en tant que symbole de la lutte pour la liberté en Afrique du Sud et à son engagement constant en faveur de la justice sociale. Winnie Madikizela-Mandela est une source d'inspiration pour tous ceux qui luttent contre l'injustice et l'oppression, démontrant que la détermination et la résilience peuvent changer le cours de l'histoire.

Malika Oufkir : La Princesse Rebelle du Maroc, Symbole de Résilience et de Liberté

Malika Oufkir, née en 1953 à Marrakech, au Maroc, est une figure remarquable dont le parcours de vie est marqué par l'adversité, la résilience et la quête de liberté. Elle est devenue célèbre pour sa lutte contre l'injustice et son récit captivant.

Malika Oufkir est issue d'une famille royale marocaine, mais son destin a pris un tournant dramatique lorsqu'elle était adolescente. En 1972, son père, le général Mohamed Oufkir, a tenté un coup d'État contre le roi Hassan II du Maroc. Le coup a échoué, et la famille Oufkir a été brutalement réprimée. Malika, avec sa mère et ses frères et sœurs, a été emprisonnée dans des conditions inhumaines pendant 15 ans, dont 10 ans dans un isolement total.

Malgré ces épreuves, Malika Oufkir a maintenu sa détermination à survivre et à retrouver la liberté. En 1987, elle et sa famille ont réussi à s'évader de prison et à trouver refuge à l'étranger.

Elle a raconté son incroyable histoire dans le livre à succès "Stolen Lives" (Vies volées), qui a attiré l'attention du monde entier sur les violations des droits de l'homme au Maroc et sur sa lutte pour la justice.

Malika Oufkir est devenue une voix pour les victimes de l'injustice et un symbole de résilience face à l'oppression. Son parcours de vie extraordinaire continue d'inspirer les personnes du monde entier à se battre pour la liberté, la dignité et la justice. Elle rappelle que même dans les circonstances les plus sombres, l'espoir et la résilience peuvent triompher.

Aïssatou Sow Sidibe : L'Éminente Défenseure de la Culture Sénégalaise et de l'Émancipation des Femmes

Aïssatou Sow Sidibe, née en 1928 à Mbour, au Sénégal, est une figure vénérée de la culture sénégalaise et une ardente militante pour les droits des femmes. Son parcours de vie est marqué par son dévouement à la préservation de la culture traditionnelle sénégalaise et son engagement en faveur de l'autonomisation des femmes.

Aïssatou Sow Sidibe est une griotte, une conteuse et une chanteuse traditionnelle qui a consacré sa vie à préserver et à promouvoir la riche tradition culturelle du Sénégal. Elle est devenue célèbre pour ses chants et ses contes qui transmettent les histoires et les valeurs de son pays.

Au-delà de sa contribution à la culture, Aïssatou Sow Sidibe a été une défenseure infatigable des droits des femmes. Elle a plaidé pour l'éducation des filles, l'émancipation économique des femmes rurales et la participation des femmes à la vie politique.

Elle a été élue députée à l'Assemblée nationale du Sénégal en 1978, devenant ainsi l'une des premières femmes députées de son pays. Elle a utilisé sa position pour promouvoir des réformes législatives en faveur des droits des femmes et pour sensibiliser aux questions de genre.

Son héritage perdure grâce à sa contribution inestimable à la culture sénégalaise et à son engagement en faveur de l'autonomisation des femmes. Aïssatou Sow Sidibe reste une source d'inspiration pour les artistes, les féministes et les défenseurs de la culture africaine, montrant que la préservation de l'identité culturelle et la lutte pour l'égalité des sexes sont des objectifs compatibles et essentiels pour le progrès de la société.

Amina Mama : Pionnière de l'Étude des Femmes Africaines, Défenseure de l'Égalité et de la Justice

Amina Mama, née au Nigeria, est une universitaire renommée et une militante pour les droits des femmes dont le parcours de vie est marqué par son rôle de pionnière dans le domaine de l'étude des femmes africaines, ainsi que par son engagement indéfectible en faveur de l'égalité et de la justice.

Amina Mama a été l'une des premières chercheuses à s'intéresser de manière approfondie à l'étude des femmes en Afrique. Elle a joué un rôle crucial dans l'établissement de la discipline de l'étude des femmes et du genre en Afrique, encourageant ainsi la recherche et la réflexion sur les questions liées aux femmes, au genre et à la sexualité sur le continent.

En tant qu'universitaire, Amina Mama a publié de nombreux ouvrages et articles influents, contribuant ainsi à éclairer les dynamiques de pouvoir qui touchent les femmes en Afrique et dans le monde entier. Elle a également enseigné dans plusieurs universités prestigieuses et a inspiré de nombreuses étudiantes et étudiants à poursuivre des carrières axées sur l'égalité et la justice.

Amina Mama est également une militante engagée en faveur des droits des femmes et de l'égalité des sexes. Elle a plaidé pour l'autonomisation des femmes africaines, la lutte contre la violence basée sur le genre et l'inclusion des femmes dans les processus de prise de décision.

Son héritage perdure grâce à sa contribution exceptionnelle à la recherche sur les femmes africaines, à son engagement en faveur de l'égalité des sexes et à son rôle de modèle pour les universitaires et les militants du monde entier. Amina Mama continue d'inspirer les générations futures à travailler pour un monde plus égalitaire et plus juste.

Graça Machel : Championne de l'Éducation, de la Paix et des Droits des Enfants en Afrique

Graça Machel, née en 1945 au Mozambique, est une figure éminente du continent africain, reconnue pour son engagement en faveur de l'éducation, de la paix et des droits des enfants. Son parcours de vie est marqué par son dévouement à l'amélioration des conditions de vie des enfants en Afrique et à la promotion de la justice sociale.

Graça Machel a étudié à l'Université de Lisbonne au Portugal et est devenue une enseignante dévouée. Cependant, son rôle en tant que militante pour les droits des enfants est devenu prédominant lorsqu'elle s'est mariée avec Samora Machel, le premier président du Mozambique indépendant. Elle a joué un rôle actif dans la transformation de son pays en une nation libre et indépendante.

Après la mort de Samora Machel en 1986, Graça Machel a poursuivi son engagement en faveur de l'éducation et des droits des enfants en Afrique. Elle a été nommée par les Nations unies pour diriger une étude majeure sur l'impact des conflits armés sur les enfants, aboutissant à la création du Programme d'action des Nations unies pour la protection des enfants en période de conflit armé.

Graça Machel est également membre du groupe des Elders, un groupe de personnalités mondiales qui œuvrent pour la paix et les droits de l'homme à l'échelle mondiale.

Son héritage perdure grâce à son travail inlassable en faveur de l'éducation, de la paix et des droits des enfants en Afrique. Graça Machel demeure une source d'inspiration pour les défenseurs des droits de l'enfant et les promoteurs de la paix dans le monde entier, montrant que la détermination et l'engagement peuvent créer un avenir meilleur pour les générations futures.

Kakenya Ntaiya : Éducatrice Visionnaire, Défenseure des Filles Maasaï

Kakenya Ntaiya, née au Kenya, est une éducatrice visionnaire et une défenseure déterminée des droits des filles, en particulier des filles maasaï. Son parcours de vie est marqué par sa lutte pour l'éducation des filles et son engagement indéfectible en faveur de l'autonomisation des femmes.

Kakenya Ntaiya a grandi dans une communauté maasaï où les mariages précoces étaient courants et l'éducation des filles était souvent négligée. Malgré les pressions culturelles, elle a refusé de se marier à un jeune âge et a lutté pour poursuivre ses études. Elle a obtenu une bourse pour étudier aux États-Unis, où elle a poursuivi un diplôme universitaire et obtenu un doctorat en éducation.

Après avoir terminé ses études, Kakenya Ntaiya est retournée dans sa communauté maasaï avec un objectif clair : construire une école pour les filles. En 2009, elle a fondé l'École Kakenya Center for Excellence, un internat qui offre une éducation de qualité aux filles maasaï, en mettant l'accent sur l'autonomisation, la santé et les droits des filles.

Kakenya Ntaiya a également lancé des programmes de sensibilisation communautaire pour lutter contre les mariages précoces et les mutilations génitales féminines. Elle a plaidé pour l'éducation des filles en tant que moyen de briser le cycle de la pauvreté et de donner aux filles maasaï la possibilité de réaliser leur plein potentiel.

Son héritage perdure grâce à son travail exceptionnel en faveur de l'éducation des filles et de l'autonomisation des femmes dans les communautés maasaï et au-delà. Kakenya Ntaiya est une source d'inspiration pour les éducateurs, les défenseurs des droits des femmes et les filles du monde entier, montrant que l'éducation peut être un puissant outil de transformation sociale et d'émancipation.

Bogaletch Gebre : Championne de la Lutte contre les Mutilations Génitales Féminines en Éthiopie

Bogaletch Gebre, née en Éthiopie, est une défenseure de premier plan dans la lutte contre les mutilations génitales féminines (MGF) et les mariages précoces dans son pays et en Afrique. Son parcours de vie est marqué par son engagement indéfectible en faveur de la protection des droits des femmes et de l'élimination de pratiques préjudiciables.

Bogaletch Gebre a grandi dans une région éthiopienne où les MGF et les mariages précoces étaient monnaie courante. Malgré les pressions culturelles, elle a réussi à poursuivre ses études et à obtenir un diplôme en épidémiologie en Israël. Après avoir terminé ses études, elle est retournée en Éthiopie avec un objectif clair : mettre fin aux MGF et aux mariages précoces.

Elle a co-fondé l'ONG KMG Ethiopia, qui travaille activement pour sensibiliser les communautés aux dangers des MGF et des mariages précoces, tout en offrant des programmes de soutien aux femmes et aux filles affectées par ces pratiques. Bogaletch Gebre et son organisation ont réussi à faire reculer les

MGF et les mariages précoces dans de nombreuses communautés en Éthiopie.

Son travail a également inspiré la création de la Campagne pour l'Élimination des Mutilations Génitales Féminines en Afrique (The Girl Generation), un mouvement panafricain visant à éradiquer les MGF sur tout le continent.

Son héritage perdure grâce à son dévouement à la protection des droits des femmes et à son rôle de leader dans la lutte contre les MGF et les mariages précoces. Bogaletch Gebre est une source d'inspiration pour les défenseurs des droits des femmes et les militants des droits de l'homme du monde entier, montrant que la persévérance et la détermination peuvent mettre fin à des pratiques préjudiciables et changer la vie des femmes et des filles.

Laila Gifty Akita : Écrivaine Inspirante, Éducatrice et Défenseure de l'Empowerment des Jeunes

Laila Gifty Akita, originaire du Ghana, est une écrivaine inspirante, une éducatrice dévouée et une défenseure passionnée de l'émancipation des jeunes. Son parcours de vie est marqué par son engagement en faveur de l'éducation, de l'autonomisation et de l'inspiration de la jeunesse africaine.

Laila Gifty Akita est une auteure prolifique, ayant écrit de nombreux livres et articles qui visent à motiver et à inspirer les jeunes à poursuivre leurs rêves et à surmonter les obstacles. Ses écrits touchent des sujets tels que la résilience, la croissance personnelle et l'importance de l'éducation.

En tant qu'éducatrice, elle a travaillé avec des jeunes et des étudiants au Ghana, les encourageant à développer leur plein potentiel académique et personnel. Elle a également plaidé pour une éducation de qualité accessible à tous, en particulier pour les filles et les jeunes défavorisés.

Laila Gifty Akita s'est également engagée dans des initiatives de développement communautaire visant à améliorer les conditions de vie des personnes marginalisées. Elle a encouragé la jeunesse africaine à jouer un rôle actif dans la transformation de leurs communautés.

Son héritage perdure grâce à son rôle d'inspiratrice de la jeunesse africaine, à ses contributions littéraires et à son engagement en faveur de l'éducation et de l'autonomisation des jeunes. Laila Gifty Akita demeure une source d'inspiration pour les écrivains, les éducateurs et les jeunes du continent, montrant que la persévérance et la créativité peuvent ouvrir des portes vers un avenir plus prometteur.

Djamila Bouhired : L'Égérie de l'Indépendance Algérienne et Symbole de Résistance

Djamila Bouhired, née en 1935 à Tlemcen, en Algérie, est une icône de la guerre d'indépendance de l'Algérie contre la colonisation française. Son parcours de vie est marqué par son intrépidité et son engagement inébranlable en faveur de la libération de son pays.

Dès son jeune âge, Djamila Bouhired s'est impliquée activement dans la lutte pour l'indépendance de l'Algérie. Elle est devenue un membre actif de la branche armée du Front de Libération Nationale (FLN) et a participé à des actions de résistance contre l'occupant français.

En 1957, elle a été capturée par les forces françaises et a été condamnée à mort. Cependant, son cas a suscité une mobilisation internationale sans précédent, conduisant à la commutation de sa peine en une peine de prison à perpétuité. Son courage face à l'adversité et son refus de céder ont fait d'elle un symbole de la résistance et de la lutte pour l'indépendance.

Après la guerre d'indépendance, Djamila Bouhired a continué à jouer un rôle actif dans la société algérienne en tant que militante pour les droits des femmes et la justice sociale.

Son héritage perdure en tant qu'icône de l'indépendance algérienne, rappelant que la détermination et la résistance peuvent changer le cours de l'histoire. Djamila Bouhired est une source d'inspiration pour tous ceux qui luttent pour la justice et la liberté dans le monde.

Conclusion

En parcourant les pages de "Portraits de Femmes Africaines Remarquables : Inspirations d'un Continent", nous avons eu l'occasion de rencontrer des femmes qui ont conquis des sommets, brisé des barrières, et inspiré des générations entières. Leurs histoires individuelles ont tissé ensemble la trame vibrante de l'histoire africaine, démontrant que derrière chaque grand continent se trouvent des femmes extraordinaires qui laissent une empreinte indélébile.

Ces femmes africaines remarquables, dont les noms résonneront dans les cœurs et les esprits de ceux qui les découvrent, incarnent l'esprit de la persévérance, du dévouement et de l'espoir. Leurs accomplissements traversent des domaines divers, de l'activisme politique à la création artistique, de l'innovation scientifique à la promotion de l'éducation, et bien plus encore. Elles ont montré que l'Afrique est le foyer d'un formidable potentiel humain, capable de relever tous les défis et de façonner un avenir radieux.

Cependant, leurs histoires vont au-delà de l'inspiration personnelle. Elles servent également de rappel puissant que l'égalité des sexes, la justice sociale et l'autonomisation sont des éléments cruciaux du progrès sociétal. Les femmes africaines ont joué un rôle central dans la lutte pour ces idéaux, et leurs réalisations ont un impact profond sur la transformation de leurs communautés et de leurs nations.

Alors que nous concluons ce voyage à travers les vies et les parcours de ces femmes exceptionnelles, nous sommes appelés à poursuivre leur héritage. Nous sommes invités à célébrer les réalisations passées tout en continuant à œuvrer pour un avenir où les femmes et les filles d'Afrique, et du monde entier, peuvent s'épanouir sans entraves ni limitations.

Les femmes africaines sont des pionnières, des innovatrices, des dirigeantes et des forces du changement. Leurs histoires nous rappellent que l'excellence ne connaît pas de frontières. Dans un monde en constante évolution, nous pouvons tous tirer des leçons précieuses de ces femmes africaines remarquables, en puisant dans leur détermination, leur résilience et leur vision.

Nous espérons que ce livre continuera à inspirer, à informer et à encourager ceux qui le lisent à poursuivre leurs propres rêves et à contribuer à un monde plus juste, plus égalitaire et plus prospère. Les femmes africaines sont des étoiles qui éclairent la voie, et elles continueront à briller bien après la fermeture de ces pages.

www.ingramcontent.com/pod-product-compliance
Lightning Source LLC
Chambersburg PA
CBHW071005260726
48661CB00007B/2809